AF240071

NOTES HISTORIQUES

ARLEUX, HAMEL & LECLUSE

LUES PAR

M. BRASSART,

Membre de la Commission Historique du Département du Nord,

*Dans la séance tenue par la Commission, à Arleux,
le 3 Juillet 1877.*

MESSIEURS,

Je serai assurément l'interprète de tous en commençant par remercier notre cher Président à qui nous devons notre réunion d'aujourd'hui : l'institution d'une excursion archéologique annuelle dans notre beau département, institution due à l'initiative du savant et zélé archiviste général du Nord, donnera à notre Commission historique une nouvelle jeunesse et resserrera les liens qui unissent ses membres.

En inaugurant les excursions archéologiques par une visite dans l'arrondissement de Douai, M. le Président m'a chargé du périlleux honneur de vous parler des monuments et des localités que vous visiterez aujourd'hui. Tout à l'heure, une voix plus autorisée que la mienne vous dira quelles études approfondies ont déjà été faites sur un monument qui vient aboutir aux limites de notre arrondissement. Quant à moi, mon incompétence en ces matières difficiles m'oblige à rester dans les généralités.

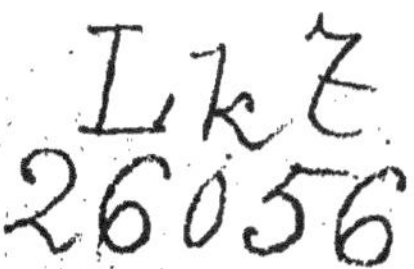

Si en 1244 la maison de Montmirail, héritière de celle d'Oisy et qui s'éteignit à son tour en 1261, tenait encore Crévecœur et Arleux de la même manière que ses prédécesseurs ; quand en 1264 nous la trouvons remplacée à Oisy, à Crévecœur et à Arleux par la maison de Coucy, son héritière, la mouvance féodale était changée : le fief de Crévecœur et d'Arleux était alors tenu, non plus immédiatement du comte de Hainaut et médiatement de l'évêque de Liége, mais directement du comte de Flandre et indirectement de l'évêque de Cambrai, *tamquam dominus superior comitis supradicti* (archives de Saint-Aubert). Ce changement paraît remonter à l'an 1257 et être la conséquence d'un traité entre les d'Avesnes et les Dampierre, ces frères ennemis, enfants de la comtesse Marguerite.

Une vente de l'an 1272 ayant converti en une belle et bonne propriété sur « la vile et le chastel de Crievecuer, » sur « la vile et le chastel de Alloes, » le simple droit d'hommage dont jouissait le comte de Flandre Guy de Dampierre (1), celui-ci put bientôt doter un de ses fils cadets du fief de Crévecœur et d'Arleux, désormais assujetti à la suzeraineté de l'évêque de Cambrai. Nous mentionnerons pour mémoire les tentatives réitérées du comte de Hainaut, Guillaume Ier, auprès de la branche cadette de Flandre-Dampierre, pour acquérir le fief dont ses prédécesseurs avaient été suzerains (2), en constatant que notre roi Philippe de Valois, plus habile ou plus heureux que son beau-frère, acquit, vers 1335, Crévecœur et Arleux, au grand désappointement de la cour de Hainaut. Seulement, comme d'après d'antiques et solennels traités entre nos rois et les empereurs germains, un roi de France ne pouvait empiéter sur l'Empire, ni un empereur sur le Royaume, et comme Crévecœur et Arleux dépendaient de l'Empire, on tourna la difficulté en donnant l'investiture de ces terres, de la châtellenie de Cambrai et des autres acquisitions au fils aîné du roi, Jean de France, duc de Normandie, bientôt roi lui-même, celui que nous appelons Jean le Bon. Malgré les murmures qui se firent entendre au-delà du Rhin, murmures qu'au début de la guerre de Cent ans, le roi d'Angleerre, vicaire éphémère de l'Empire, convertit en cris de guerre,

---

(1) Archives départ., Chambre des comptes. 1er cartul. de Flandre, pièce 170, folio 55.

(2) Devillers, *Monum. pour servir à l'histoire*, Bruxelles, 1874, in-4°, III, p. 124. — Dinaux, *Archives historiques et littéraires*, Valenciennes, 1837, in-8°, nouvelle série, I, p. 262.

la coutume s'établit de faire entrer Arleux dans l'apanage du fils aîné du roi, du dauphin, comme on commença alors à le nommer, et elle dura pendant près d'un siècle.

Arleux appartenait, à titre de douaire seulement, à la veuve d'un dauphin, Jacqueline de Bavière, comtesse de Hainaut, quand l'assassinat du duc Jean Sans-Peur (1419) mit le comble aux malheurs de la France et servit prodigieusement la fortune de la maison de Bourgogne; le duc Philippe le Bon était en fait le maître d'Arleux, comme des États patrimoniaux de sa cousine germaine Jacqueline, quand le traité d'Arras de l'an 1435, qui mit fin à la guerre entre le roi Charles VII et le duc de Bourgogne, consolida cette possession, sauf un droit de rachat au profit de la couronne. Ce droit-là, Louis XI l'exerça en 1463; mais dans l'intervalle, le duc Philippe le Bon avait donné Arleux à l'un de ses très nombreux enfants naturels, celui qu'on appelait le Grand Bâtard de Bourgogne: libéralité qui fut confirmée, dit-on, par le roi lui-même; aussi ces actes-là furent-ils la source d'un litige interminable entre la couronne et les héritiers du Grand Bâtard, et l'accord n'était point encore fait, lorsqu'en 1578 le roi Henri III vendit à Saint-Luc, l'un de ses « mignons,» ses droits sur Crévecœur et Arleux, sur Rumilly et Saint-Souplet, et sur la châtellenie ou vicomté de Cambrai. Enfin, vers l'an 1605, l'héritier de Saint-Luc commença à démembrer son domaine cambrésien, et vendit Arleux, désormais « éclissé » ou séparé de Crévecœur, à un gentilhomme du nom de Ricamez, son vassal, qui se parait, à cette époque, du titre de vicomte d'Arleux, préféré par lui à ceux de prévôt héréditaire et de maire (*villicus*) porté par ses ancêtres. Grâce à cette vente, les qualités de seigneur et de prévôt d'Arleux ayant été réunies sur la même tête, le possesseur de la seigneurie s'intitula désormais vicomte d'Arleux, « quoique la terre d'Arleux n'eût jamais été érigée en vicomté, » ainsi que le faisait observer en 1645 la cour féodale de Cambrai; mais on n'y regardait plus de si près au XVII⁰ siècle et encore moins au XVIII⁰, surtout avec une maison aussi illustre, nobiliairement parlant, que celle de Berghes-Saint-Winocq.

Dès le XII⁰ siècle, avons-nous dit et plus anciennement encore sans aucun doute, Arleux était une petite ville fortifiée: en 1177, l'an naliste Gilbert de Mons se sert à son égard de l'expression *castrum*, employée très fréquemment alors pour des villes telles qu'étaient Douai, Lille, Lens, etc.; maints titres anciens parlent de maisons

situées « en le forteroche de ledite ville, » « en la fremeté de la
ville d'Arleux ; » en 1625, les murailles de la ville étaient encore
debout ; leur ruine date du milieu de ce siècle-là, vu les maux
innombrables que, pendant une longue suite d'années, la guerre
entre la France et l'Espagne infligea à ces pays-ci et notamment à
Arleux en 1649, après la levée du siège de Cambrai, le seigneur
n'ayant pu sauver alors que sa personne, « contraint de gaigner au
pied, rien que son espée à la main, » son fils aîné ayant été fait
prisonnier avec « beaucoup de ses subjects (1). »

L'enceinte fortifiée était d'une très petite étendue, ne renfermant
que l'église, le château y joignant et un nombre fort restreint de
maisons, le tout s'élevant derrière le mur crénelé et le fossé plein
d'eau des places fortes du moyen âge ; ce fossé est encore facile
à reconnaître aujourd'hui et le périmètre de la vieille enceinte saute
aux yeux, quand on consulte les plans modernes. Tout autour se
groupèrent ou s'éparpillèrent des habitations en forme de faubourgs.

Dans le donjon d'Arleux fut enfermé un détestable prince, Charles
le Mauvais, roi de Navarre, qui s'en échappa le 9 novembre 1357 :
témoin le passage des Chroniques de Froissart, où il est parlé du
« castiel que on dist de Alues en Pailloeil, qui est uns des fors castiaux
du monde (2). » D'après le docte auteur de la nouvelle intitulée :
Le Captif du Forestel, composée à une époque où le roman historique
régnait en maître, la prison de Charles le Mauvais se serait trouvée
non dans le donjon de la ville d'Arleux, mais à une certaine distance
de celle-ci, dans un ancien manoir dit du Forestel, situé du côté de la
Sensée et d'Oisy ; mais il est de toute évidence que le roi n'aura pas
donné pour prison à son captif la maison de campagne d'un simple
particulier, alors qu'il pouvait disposer à cet effet « d'un des fors cas-
tiaus du monde. » Le Forestel, en effet, un clos de six hectares
environ entouré d'eau, ne fut pendant très longtemps qu'une « cense »
ou ferme, mouvant en fief d'Arleux. Son renom ne lui est venu qu'à la
suite d'évènements assez modernes : c'est de lui qu'il est question

---

(1) Archives du parlem. de Flandres, fonds du greffe de Malines, sacs nᵒˢ 51 et
1143 ; certificats du magistrat d'Arleux, de 1632, 1635, 1637 et 1654.

(2) Édit. Kervyn, Bruxelles, 1868, in-8ᵒ, VI, p. 40. En note, à la page 459,
M. Kervyn de Lettenhove se trompe en écrivant « Arleux en Pévèle ; » c'était
Arleux-lez-Paluel qu'il fallait dire. La Chronique anonyme de Valenciennes, citée
par le même (p. 459), porte : « L'Aloue, en Palluel dalés Douay. »

dans les *Mémoires militaires relatifs à la succession d'Espagne
sous Louis XIV* (Paris, 1859, in-4°, X, *passim*), quand on y parle du
« petit château situé entre Arleux et Palluel (1) » et que Villars convertit en redoute, au mois de mai 1711. Durant cette campagne, il fut
le théâtre et l'objet de plusieurs affaires sanglantes (2).

Une branche de la maison de Berghes - Saint - Winoc habita le
château d'Arleux jusqu'à la Révolution ; depuis fort longtemps la
sombre prison de Charles le Mauvais s'était transformée en château
seigneurial, lequel a entièrement disparu à son tour.

Arleux avait son blason, comme toute bonne ville ; il était : D'argent
à trois tours de gueules.

L'église, dédiée à Saint-Nicolas, tenait au château, suivant l'usage
féodal ; le bâtiment actuel, en grès, avec tour et transepts, date de
1494, ainsi que le constate une inscription ; le buffet d'orgues provient
des récollets wallons de Douai.

On connaît cinq monnaies fabriquées à ou pour Arleux par ses seigneurs, Jean de Flandre-Dampierre, sire de Crèvecœur et Béatrix
de Châtillon de Saint-Pol, sa veuve, dans le premier quart du
XIVe siècle (3).

II. — HAMEL.

A une courte distance d'Arleux, on rencontre le village d'Hamel,
humble localité qui fut longtemps un simple hameau par rapport non
pas à Arleux, mais à Estrées. Placé dans le ressort de la châtellenie et
de la gouvernance de Douai, Hamel mouvait, en justice vicomtière, de
la seigneurie d'Estrées ; il avait pour seigneur, au XIIIe siècle, un
chevalier qui avait pris le nom de son fief et qui était de la maison des
chatelains de Douai ; après lui survient, au siècle suivant, la famille de

---

(1) « Un petit château nommé Chantraine ; » Limiers. *Hist. du règne de Louis XIV*,
Amsterdam, 1720, in-4°, II, p. 411. — Le Forestel appartenait alors à la famille de
Quellerie de Chanteraine.

Dans la riche collection cambrésienne de notre collègue, M. Delattre, se trouve
un plan du Forestel au siècle dernier.

(2) Aujourd'hui encore on trouve souvent en labourant dans le clos du Forestel
des boulets ronds de fonte ou de pierre.

(3) Poey d'Avant, *Monnaies féodales*. Paris, 1862, in-4°, III, p. 440.

Tortequesne , issue de la même maison. Le défaut d'intérêt que présentent , au point de vue historique , les noms des familles qui succédèrent aux Tortequesne me dispensera d'en donner ici la nomenclature.

Hamel renfermait, à la Révolution, trois manoirs seigneuriaux, dont le plus important dépendait du fief de Lassus, tenu en justice foncière du seigneur du village ; situé derrière le chœur de l'église, entouré de fossés, il renfermait, en 1486, une « grosse tour de pierre ; » de la famille Vernimmen, il avait passé, après la Révolution, à la famille de Warenghien, qui l'a vendu, il y a plusieurs années.

L'église d'Hamel, comme celle d'Estrées, est dédiée à saint Saire, le patron de Lambres, confesseur des premiers siècles dans nos contrées, mais dont les actes sont perdus.

On remarque, au point de jonction des chemins d'Arleux, d'Estrées et du bois d'Hamel, une croix en grès, d'environ trois mètres de hauteur, portant la date de 1619 et les armoiries de Habarcq et de Waziers-Wavrin ; la famille de Habarcq possédait alors le fief de Savye à Hamel.

Je crois pouvoir rappeler enfin une coutume singulière d'après laquelle les habitants d'Hamel étaient tenus « de se rendre au château d'Arleux, tous les ans, la veille de la Saint-Remy (30 septembre) à l'effet de payer au seigneur six patars chacun, de coucher audit Arleux, ne pouvant en sortir avant le soleil levé, et de passer en revue devant les officiers de la seigneurie d'Arleux ; » cette obligation était de création relativement récente, n'ayant été imposée qu'en 1609, en échange de l'autorisation accordée par le seigneur d'Arleux « de pouvoir faucher herbe, faire tourbes jusqu'au nombre de six mille pour chaque manant et non plus, et de faire paistre leurs bestiaux. (1). »

---

(1) Archiv. départ., liasse intitulée : Cambrésis. Arleux ; dénombrement de la terre d'Arleux, 1757.

III. — LÉCLUSE.

Comme Arleux, Lécluse fut autrefois une petite ville fortifiée, avec donjon; comme Arleux encore, ce fut un domaine que se disputèrent les rois de France et les comtes de Flandre; mais contrairement à ce que nous avons vu pour Arleux, Lécluse, paroisse de l'antique diocèse de Cambrai et localité de la contrée des Nerviens, dépendait non point de l'Empire, mais du Royaume : voici donc une usurpation de celui-ci sur celui-là.

Au XI° siècle, c'était une seigneurie mouvant immédiatement du comté de Lens et médiatement du comté de Flandre; mais, vers 1070, le comte de Boulogne et de Lens ayant inféodé à son sénéchal, le sire d'Ardres, l'hommage de la terre de Lécluse, le seigneur de Lécluse devint vassal direct du sire d'Ardres; bientôt il abjura cet hommage et reconnut pour suzerain immédiat le comte de Flandre. Enfin ce dernier ne tarda point à réunir Lécluse au domaine comtal.

Lécluse devenue petite place forte (*castrum*) fut assiégée et prise par l'empereur Henri IV, lors de l'invasion germanique de 1102.

Toujours comme Arleux, la terre de Lécluse fut détachée du domaine des comtes de Flandre, en 1259, au profit d'une branche de la maison de Flandre–Dampierre; elle fut également acquise par nos rois au XIV° siècle. Comme conséquence du funeste traité de 1369 qui détacha Douai et Lille de la couronne au profit de la maison de Bourgogne, Charles V dut se défaire de Lécluse, qu'il céda au comte de La Marche, de la maison de Bourbon : ce prince en fit hommage au comte de Flandre; mais, par une nouvelle anomalie, cette terre fut déclarée mouvoir de la Salle de Lille au lieu du château de Douai, dans le ressort duquel elle semblait devoir être placée.

Des Bourbon, Lécluse passa, par achat, vers 1485, dans la maison de Croy, puis par succession, dans celle de Hornes. Les familles lilloises Martens et Diedman de La Riandrie, ont fourni les derniers seigneurs de Lécluse.

Ce village formait, avec ses dépendances à Tortequesne, Etaing, Dury et Eterpigny, une petite juridiction, nommée *poeté* (du latin *potestas*), jugée et administrée sous le ressort de la gouvernance de Douai, quoiqu'en matière féodale elle dépendit de la Salle de Lille.

La forte position de Lécluse, qui commandait l'antique chaussée de Bapaume à Douai, attira de tout temps sur ce pays les malheurs de la guerre. Son donjon du moyen-âge, qui s'élevait près de l'église, avait fait place, au XVIIIe siècle, à un château seigneurial, « enfermé de murailles, de fossés et d'eau ; » seul l'emplacement est encore aujourd'hui reconnaissable.

L'église, dédiée à saint Vaast, était à la collation du chapitre de la cathédrale de Cambrai.

Sur la route d'Ecourt, près des dernières maisons de Lécluse, on remarque une pierre, en grès du pays, avec les armoiries de Croy-Chimay taillées en relief, vers 1530 ; elle ornait autrefois, à cinquante pas de là, la chapelle de la Maladrerie dite aussi Bonne-Maison de Bracheul, objet constant de la sollicitude des seigneurs du village.

En 1851, un membre de la société savante de Douai fit connaître à ses collègues qu'en exécutant des travaux pour la commune, il venait de découvrir, dans les marais et au-dessous du niveau de l'eau, les vestiges d'une route paraissant être une voie romaine : elle bifurquait dans le marais et se dirigeait d'un côté vers Bapaume et de l'autre vers Arleux. Sa largeur était d'environ trois mètres. Bien qu'elle fût encore d'une notable solidité, on parvenait à la démolir à la pioche. « La route, ajoutait-on, est établie dans un composé de chaux et de cendre, les pierres qui la constituent sont en grès, irrégulières, informes, mais couchées de manière que les aspérités, les angles aigus s'enchâssent dans les angles rentrants qu'elles s'offrent l'une à l'autre. »

Cette communication faite, il y a vingt-six ans, à la Société d'agriculture, des sciences et des arts de Douai, me ramène au but principal de notre réunion.

IV. — SOUVENIRS ET VESTIGES ROMAINS.

Monuments préhistoriques et mégalitiques

Supprimant par la pensée, la division moderne en départements du Nord et du Pas-de-Calais et rétablissant les limites des contrées des

Atrébates et des Nerviens, nous trouvons autour de nous, d'abord chez les Atrébates, le nom d'Estrées (*Strata in Ostrevensi pago*) porté par un village primitivement assis sur l'antique route de Bapaume à Douai, route secondaire d'ailleurs, puisqu'elle n'est pas indiquée sur les itinéraires romains ; puis, chez les Nerviens, les noms de Sauchy-Cauchy et de Sauchy-Lestrée, villages situés sur le chemin qui met en communication le bourg d'Oisy avec la voie romaine de Cambrai à Arras. Voilà pour les souvenirs étymologiques ; mais ce qui est plus précis et plus certain, c'est qu'à Sauchy-Cauchy a été découvert un cimetière mérovingien, dont l'exploration sera continuée sous l'habile direction de notre collègue, M. l'ingénieur Bréan, président de la section d'archéologie du Musée de Douai. Comme monument d'une tout autre importance, on peut citer la chaussée du marais d'Ecourt, décrite par Caylus et dont une savante monographie vous sera présentée tout à l'heure ; elle reliait les contrées des Atrébates et des Nerviens, que séparait la Sensée ; telle était aussi, nous semble-t-il, la destination de la chaussée du marais de Lécluse.

Remontant bien plus haut dans le passé et supprimant encore les divisions en contrées des Atrébates et des Nerviens, nous trouvons dans ce voisinage un ensemble des plus significatifs de monuments préhistoriques. C'est d'abord le *tumulus* de Sailly - en - Ostrevant, fouillé, l'année dernière, avec une science et un zèle à toute épreuve, par M. l'ingénieur Bréan, qui a bien voulu se mettre à la tête d'un comité d'explorations archéologiques, formé à Douai sous le patronage de la Société d'agriculture, des sciences et des arts, et des sections d'archéologie et d'ethnographie de notre Musée ; les résultats de ces fouilles ont été communiqués à la dernière réunion des délégués des sociétés savantes en Sorbonne ; ils vont trouver place dans les *Mémoires* de la Société de Douai. Aussi, n'insisterai-je pas sur la première entreprise de notre comité d'explorations archéologiques dont j'aurai, du reste, l'occasion de vous reparler dans un instant.

Puis vient le menhir de Lécluse, que nous contemplerons aujourd'hui et dont une bonne lithographie a été donnée par M. Désiré Dubois, dans son *Douai Pittoresque* (Douai, 1845, in-4°, page 8) ; puis le dolmen d'Hamel, lithographié dans le même ouvrage (page 2) et sur lequel je reviendrai ; puis le menhir d'Oisy, dont une partie seulement émerge d'un sol tourbeux, actuellement desséché, mais qui fut, durant bien des siècles, recouvert par les eaux ; vous jugerez, sans doute, Messieurs, qu'un sondage soigneusement pratiqué serait utile, afin de découvrir le sol primitif où fut planté le menhir d'Oisy et la dimension réelle de ce monument. Peut-être devra-t-on ajouter à cette liste la Pierre de Féchain, que je ne connais que par un article publié dans les *Souvenirs de la Flandre wallonne* (Douai, 1869, page 64) par un celtographe, M. Bigarne, de la commission des antiquités de la Côte-d'Or, qui le qualifie de « petit menhir, » et par un dessin sur lequel vous voudrez bien jeter les yeux.

Bientôt vous jugerez par vous-même de l'importance du monument d'Hamel, de sa situation pittoresque, de l'aspect étrange et saisissant qu'il devait présenter au sommet d'un coteau autrefois boisé. Toutes ces considérations avaient frappé notre comité de recherches archéologiques, et c'était ici que nous devions, dans nos projets primitifs, tenter nos premières explorations que certaines considérations nous ont fait reporter à Sailly. Pour le dolmen d'Hamel, voici comment nous comptons procéder, d'accord avec le propriétaire qui nous a donné les autorisations nécessaires : 1° noter soigneusement la position actuelle de chacune des pierres, dont plusieurs gisent sur le sol ; 2° les déplacer et fouiller sous le monument ; 3° replacer les pierres en les relevant, afin de rendre au monument son aspect primitif (1).

Déjà, dans sa session d'août 1876, le Conseil général du Nord a bien voulu voter un subside de cent francs pour faire face aux premiers frais que nécessitera cette entreprise ; le comité de recherches, indépendamment de ses ressources personnelles, très modestes, je le confesse, sera aidé par la Société d'agriculture, des sciences et des arts, et par les deux sections du Musée qui, l'année dernière, ont pris une large part des frais nécessités par les fouilles du tumulus de Sailly : près de 800 francs, en ce non comprises les dépenses personnelles de notre honoré collègue, M. l'ingénieur Bréan. Suivant toute apparence, c'est à une somme encore plus élevée que monteront les frais des travaux projetés pour le dolmen d'Hamel ;

---

(1) On consulterait avec profit une notice de M. le président Tailliar, avec un dessin donnant la position normale des cinq pierres d'Hamel ; notice rédigée en 1839 et insérée dans le procès-verbal de la séance du 4 août 1840 de la Commission des sciences morales et historiques de la société académique de Douai (registre de 1839-1841, pp. 145-148, reposant dans les archives de cette société).

indépendamment de ce que pourra nous allouer le ministère, force nous sera donc de faire un nouvel appel à la générosité éclairée des membres du Conseil général et à la haute influence de M. le Préfet du Nord; mais avant de nous adresser à eux, nous avons tenu, Messieurs, à vous soumettre nos projets, dans l'espoir d'obtenir votre approbation et de mériter des suffrages auxquels nous attachons le plus grand prix.